DIE REIHE
Archivbilder

EIN RENDEZVOUS MIT
TREPTOW

D1665255

Unter dem Titel „Fahrräder" führte der Geschäftsinhaber, Herr Rissmann, schon im ersten Jahrzehnt des 20. Jahrhunderts in Alt-Treptow erfolgreich damalige „Hochtechnologien" und bot dazu seinen Service an.

DIE REIHE
Archivbilder

EIN RENDEZVOUS MIT
TREPTOW

Horst Köhler

SUTTON
VERLAG

Sutton Verlag GmbH
Hochheimer Straße 59
99094 Erfurt
http://www.suttonverlag.de
Copyright © Sutton Verlag, 2003

ISBN 3-89702-559-0

Druck: Midway Colour Print, Wiltshire, England

Das Ehrenmal im Treptower Park erinnert an die hohen Verluste der Roten Armee bei der Einnahme der deutschen Reichshauptstadt im April/Mai des Jahres 1945.

Inhaltsverzeichnis

Danksagung

Es ist dem Autor ein Bedürfnis, all jenen zu danken, die mit ihrem Rat und ihren Hinweisen zum Entstehen dieser Publikation beigetragen haben.

Ein besonderer Dank gilt der Leiterin des Heimatmuseums Treptow, Frau Barbara Zibler, die in hervorragender Art und Weise ihren Fotofundus geöffnet und den Autor bei der Bildauswahl und den Bildunterschriften bestens beraten hat.

Der Leiterin der Treptower Schreibwerkstatt Karin Manke sowie den Werkstattmitgliedern, Frau Renate Jahns und Frau Lena Kuchenbecker, ist es zu verdanken, dass viele Privatfotos die Sammlung eindrucksvoll bereichern und bisher unbekannte Einblicke in Familienleben gestatten.

Gedankt sei auch den folgenden Bildautoren und Archiven:

Heinrich Arnken; Foto-Axhausen; Verlag W. Bernards; Berlin-Werbung Berolina; Fieweger; Falk Blask; Jupp Borst; Heinz Böhm; Kunstanstalt Karl Braun & Co.; Max O'Brien; Bild BVG; Foto-Draeger; Verlag Paul Drosse; Manfred Dummer; Franz Fischer †; Fotostudio Friedrich; Fotograf. Werkstätten FROHWALT; W. Giese; Frau Glantz; Kunstverlag J. Goldiner; G. Gutsche; Foto Hasse; Felix Hackenberg; Ursula Hedemann; Verlag W. Herbig; Erich Hinkelmann; Hanni Hook; Renate Hopf; Hannelore Huth; Frau Hübner; Foto-Irschik; Bernhard Jabbusch; Kunstverlag Paul Kaufmann; Wolfgang Kind; Foto-Klinke & Co.; Frida Köhler †; Foto- H. KÖHLER; Jürgen Krämer; Kurt Kubens; Joachim Kubig; Verlag P. Kunze; Klaus J. Kurz; Herr Kühn; Theo Löber; Postkartenverlag K. Mader; P. Meißner, Foto-Mielke; Bernhard Möbius; Nationale Front WB 62, Berlin-Treptow; Gisela Neuenfeldt; Fotogr. Anstalt Ad. Neumann; Oberschule Ernst Schneller; Herr Otto; Verlag Julius Pfeiffer; Max Piepenhagen; Frau Pischke; H. Polavsky; A. Proske; GRAPHOKOPIE H. Sander; S. & G. Saulsohn; Foto-Scherl; Foto-Schnabel; Paul Schnabel; Gerhard Schmidt; Rolf Schreiter; Herr Schröder; Heike Starke; Günter Teske; Treptower Rundschau; VEB Elektro-Apparate-Werke Treptow; Paul Weber; Familie Welsch; Welt-Photo-Bericht Berlin-Neukölln; Foto-Woike sowie den nicht mehr ermittelbaren Bildautoren.

Einleitung

Treptow hat eine lange Geschichte im Landkreis Teltow. Die erste namentliche Erwähnung findet sich auf einer Kämmereirechnung des Jahres 1568. Erst seit 1920 gehört Treptow als 15. Bezirk zu Berlin und seit dem Jahr 2001 ist der Bezirk mit seinem östlichen Nachbarn Köpenick zum flächengrößten Berliner Bezirk Treptow-Köpenick fusioniert.

Der ehemalige Bezirk Treptow besteht von Nord nach Süd betrachtet aus den acht Ortsteilen Alt-Treptow, Plänterwald, Baumschulenweg, Niederschöneweide, Johannisthal, Adlershof, Altglienicke und Bohnsdorf. In Bild und Text unternimmt der historisch Interessierte und Kiezverbundene eine Reise in zumeist schon vergangene Ansichten und besucht auch heute noch bekannte und beliebte Orte seiner Heimat. In Treptow befanden sich mit der Berliner Gewerbeausstellung 1896, die als „verhinderte Weltausstellung" in die Geschichte eingegangen ist, die Wurzeln der EXPO 2000, wurde mit dem Bau des Teltowkanals von 1900 bis 1906 die Spreeschifffahrt durch Berlin vom hohen Verkehrsaufkommen entlastet; in Johannisthal ging 1909 der erste Motorflugplatz Deutschlands in Betrieb; die Archenhold-Sternwarte verfügt noch heute über das größte Linsenfernrohr der Welt; im Treptower Park wurde das größte Ehrenmal in Deutschland für die im Zweiten Weltkrieg gefallenen sowjetischen Soldaten errichtet und, und, und …

Auf die älteste Ansiedlung längs des südlichen Spreeuferstreifens kann Alt-Treptow verweisen. Fischerei, Bienenzucht und Gastwirtschaft für die Reisenden nach und von Berlin waren über Jahrhunderte die wirtschaftlichen Grundlagen für die hier lebenden Menschen. Ein Mann namens Zenner machte als Gastwirt von sich reden. Mit der Berliner Gewerbeausstellung 1896 im Treptower Park wurde die Landgemeinde über Nacht über die Grenzen Deutschlands hinaus bekannt. Treptow wurde elektrifiziert, kanalisiert, industrialisiert, an das Berliner Verkehrsnetz angeschlossen und mit Gas versorgt.

Der Plänterwald gab dem erst 1997 zum Ortsteil erklärten Wohngebiet seinen Namen. Als architektonische Perle erhebt sich neben dem alten Amtshaus das 1909/1910 errichtete Treptower Rathaus, das jedoch mit der Bezirksfusion an Bedeutung eingebüßt hat. Über die Grenzen der Bundeshauptstadt hinaus ist der 1969 eröffnete Kulturpark eine Vergnügungsstätte für Jung und Alt.

Franz Späth ist eng mit der Entstehung und Entwicklung des Ortsteiles Baumschulenweg verbunden. Er war es, der 1863 die inzwischen in der fünften Generation tätige und weltweit bekannte Baumschule gründete. Noch heute umgibt das repräsentative Herrenhaus ein englischer Park mit Rosarium, das Aboretum. Seit 1912, als Preußen die Feuerbestattung zuließ, sind im Krematorium Einäscherungen möglich. Der Britzer Zweigkanal speist den Teltowkanal mit Wasser aus der Spree.

Bereits 1598 spricht eine alte Reisebeschreibung von der Schönen Weyde, dem heutigen Niederschöneweide am südlichen Spreeufer. Mit Fischfang und Teerproduktion verdienten die Menschen über viele Jahrhunderte ihren kargen Lebensunterhalt. Erst kurz vor der Wende zum

20. Jahrhundert siedelten sich Gewerbe und Industrie an. Dennoch war genügend Platz für Garten- und Vereinslokale am Wasser der Spree. Blickfänge sind die Backsteingebäude der alten Feuerwache, der angrenzenden Schule und des alten Amtshauses.

Die erste urkundliche Erwähnung von Johannisthal stammt aus dem Jahre 1753. Als ruhige Landgemeinde vor den Toren Berlins war sie bei den Hauptstädtern als Erholungsort sehr beliebt. Vom Bad Johannisthal sprach man bis um 1900, doch die zunehmende Industrialisierung verdrängte den Bäderbetrieb. Der Bau des Teltowkanals grub dem 1900 in Betrieb gegangenen Wasserwerk buchstäblich das Wasser ab und der erste Motorflugplatz in Deutschland ließ Johannisthal in einem völlig neuen Licht erstrahlen.

Das Zinsgut Adlershof findet in Urkunden aus dem Jahre 1754 Erwähnung. Von der preußischen Obrigkeit ins Land gerufene Kolonisten, auch Büdner genannt, bauten Maulbeerplantagen an und betätigten sich in der von Friedrich II. „befohlenen" Seidenproduktion. Die seit 1867 am Ort vorbeiführende Berlin-Görlitzer-Eisenbahnlinie brachte für Adlershof eine gewisse Industrieansiedlung, die mit der Inbetriebnahme des Motorflugplatzes Johannisthal intensiviert wurde.

Bereits vor 4.000 Jahren sollen sich in der Gegend des heutigen Altglienicke Menschen aufgehalten haben. Doch erst 1375 wird ein Dorf Glinik urkundlich erwähnt und mehr als 500 Jahre mussten vergehen, bis die Gemeinde Altglienicke mit kaiserlicher Verfügung gegründet wurde. Rund um die 1895 gebaute Pfarrkirche sind noch große Teile des alten Dorfkerns erhalten.

In der südöstlichen Nachbarschaft von Altglienicke wird ebenfalls im Jahre 1375 der Ort Bohnsdorf erwähnt.

Vor fast einem Jahrhundert wurde auf der höchsten Erhebung des Hochplateaus des Teltows die Gartenstadt Falkenberg gegründet. Der Architekt Bruno Taut hat hier bei den von ihm entworfenen Bauten seine Handschrift hinterlassen. Ein Kleinod sakraler Baukunst stellt die um 1529 erbaute, wiederholt zerstörte und immer wieder aufgebaute barocke Dorfkirche dar.

Das 1906 auf Eichenpfähle im schwammigen Untergrund des Berlin-Warschauer-Urstromtales gesetzte Rathaus der Teltower Landgemeinde Johannisthal im Jahre 1918.

1
Ortsansichten

Besonders sonntags, wie hier im Sommer des Jahres 1916, zog es tausende Berliner in die vor den Toren der Reichshauptstadt gelegene, idyllische Landgemeinde am Ufer der Spree.

Im Jahre 1908 stand diese architektonisch interessant gestaltete Kaserne noch im Landkreis Teltow. Zwar nicht der Charakter der Militäreinrichtung, aber die Fassade des Gemäuers hat sich bis in die Gegenwart erhalten.

Das neben dem Alten Amtshaus in den Jahren 1909/1910 errichtete Treptower Rathaus. Bis zur Fusion mit Köpenick war hier der Sitz des Treptower Bürgermeisters.

Das Aboretum im Jahre 1918. Noch heute lädt es zu erholsamen und lehrreichen Spaziergängen ein.

Von 1896 bis 1944 stand die Urnenhalle im Treptower Park und warb für Feuerbestattungen.

Um die Wende zum 20. Jahrhundert mauserte sich Alt-Treptow mit den von der Berliner Gewerbeausstellung von 1896 ausgelösten Impulsen zu einer „Vorstadt" Berlins.

Seit August 1961 war Treptow 28 Jahre lang durch die Mauer von seinem Nachbarbezirk Neukölln getrennt. Die Aufnahme zeigt die unterbrochene Elsenstraße mit Blick nach Alt-Treptow.

Fräulein Renate Jahns im Sommer 1962 am Springbrunnen des Netze ziehenden Fischers neben dem Treptower Rathaus.

Die Hochzeitsgesellschaft der im Kriegsjahr 1943 im Rathaus Johannisthal vermählten Eheleute Pischke.

BERLIN=BAUMSCHULENWEG · Baumschulen=Straße am Bahnhof Ecke Behring=Straße

Diese Aufnahme aus den Dreißigerjahren gewährt einen Blick auf die Gleisüberführungen der Berlin-Görlitzer-Eisenbahnlinie mit dem durch die Häuserfront verdeckten Bahnhof Baumschulenweg. Parallel zur Fernbahn wurde die S-Bahn betrieben.

Das neue Krematorium Treptow in Berlin-Baumschulenweg

Im Jahre 1913 übergab der Rat des Landkreises Teltow der Gemeinde Treptow das Krematorium mit der Friedhofsanlage nach Plänen des Gartenbaudirektors Harich seiner Bestimmung.

Otto Woiwode und seine Familie präsentieren im Jahre 1905 in Baumschulenweg Eisenwaren, Haus- und Küchengeräte. In der Folgezeit erlebte der Ort seine „Gründerjahre".

Aus dem ursprünglichen Weg zur Baumschule der Familie Späth entwickelte sich die Baumschulenstraße zu einer pulsierenden Geschäftsstraße, die ihre Anziehungskraft bis in die Gegenwart nicht verloren hat.

Die Glienicker Straße in Bohnsdorf, um 1915.

Baumschulenweg in den Dreißigerjahren.

Die Köpenicker Landstraße in Baumschulenweg, um 1960. Diese in den Dreißigerjahren errichteten Häuser von runder Bauart nennt der Volksmund „Zirkus".

Der Dammweg war und ist mit Unterbrechung eine von mehreren Straßenverbindungen von Treptow nach Neukölln. Diese Aufnahme zeigt ihn im Jahre 1967 als ruhige Sackgasse mit Wohnbauten vom Typ Q3A, da er 28 Jahre lang an der Mauer zu Berlin-West endete.

Berlin-Niederschöneweide.   Friedenskirche

Nach Plänen von Fritz Schupp und Martin Kremmer entstand im Jahre 1930 der Klinkerbau in den strengen Formen der Neuen Sachlichkeit. Noch heute grüßt die Kirche am Adlergestell die Berlinbesucher am Ortseingang von Schöneweide.

Die Britzer Straße 24 in Nieder-Schöneweide im Jahre 1909. Die expandierenden Unternehmen an der Spree benötigten Arbeitskräfte und „lockten" sie mit Wohnungen in ihre Nähe. Dabei lehnte sich der Ort in der Art und Weise Häuser zu errichten der nahen Reichshauptstadt an. Übrigens, auf dem Bordstein sitzende Kinder kann man heute nicht mehr entdecken.

Blick vom Vorplatz des Bahnhofes aus in die Brückenstraße in Nieder-Schöneweide im Jahre 1914. Auch hier ist an den Bauten das Vorbild Berlins zu erkennen.

Der Industrialisierung an den Spreeufern und der Errichtung ganzer Wohnkomplexe folgte das Gaststättengewerbe. Einkehrstätten der verschiedensten Art schossen wie Pilze aus dem Boden. Der Berliner Ausflugsverkehr beschränkte sich nicht mehr nur auf Alt-Treptow. Im Jahre 1911 konnte man an der heutigen Schnellerstraße noch ungestört im Straßengarten verweilen.

Um 1910 stand die Schule noch am Rand der Cöllnischen Heide und symbolisch für eine Zeit, in der die Staatskassen noch voll waren. An dieses Prunkstück zwischen Schneller- und Grünauer Straße schließt sich die Alte Feuerwache an. Heute steht der gut erhaltene Klinkerbau mitten im Ortsteil.

Auf diesem um 1900 entstandenen Bild ist rechts das Gebäude der 1886 eröffneten Gemeinde-Schule in der Johannisthaler Friedrichstraße zu sehen. Wie bei Kirchen, Rathäusern und anderen öffentlichen Gebäuden lässt sich auch an Schulen der „Reichtum" der Kommunen in der jeweiligen Zeit ablesen.

Die Bürger Johannisthals dankten dem deutschen Kaiser Wilhelm I. mit einem ansprechenden Denkmal im Ortszentrum, hier in einer Aufnahme von 1916. Den wirtschaftlichen Aufschwung der Gemeinde verdankte man aber eher dem Nachfolger, Wilhelm II.

Berlin-Johannisthal, Ambi Siedlung — Groß Berliner Damm

Der Name Arthur Müller ist mit der wirtschaftlichen Entwicklung von Johannisthal eng verbunden. Müller war einer der Initiatoren für den ersten Motorflugplatz in Deutschland. Hier in Johannisthal errichtete er am Flugplatzrand mehrere Produktionsstätten unter dem Namen AMBI und engagierte sich im Wohnungsbau, wie die Aufnahme aus dem Jahre 1927 zeigt.

Das Treptower Standesamt 1960. Die frühere Wohnvilla eines Johannisthaler Filmdirektors musste im Jahre 2001 einem Neubau weichen.

Die 1890 errichtete Alte Schule von Adlershof im Jahre 1935. Der Bau war notwendig, weil Adlershof im Jahre 1888 aus dem Schulverband der Stadt Cöpenick herausgelöst wurde.

Am Marktplatz der Gemeinde Adlershof im Jahre 1914. Die Gaslaterne zeugt vom technischen Fortschritt und vom Leistungsvermögen der Bürger. Als leistungsfähiges Unternehmen war die Baugenossenschaft über die Ortsgrenzen hinaus gut bekannt. Im Hintergrund ist das firmeneigene Wirtshaus zu sehen.

Um 1910 investierte die Post in diese architektonisch hervorragend gestaltete Filiale. Von hier aus war es ab 1915 ein kurzer Weg zum in der Nachbarschaft gelegenen Flugplatz und dann als Luftpost z.B. durch die Flugzeugmeisterei Adlershof ein schneller Weg zum Empfänger.

Die im Jahre 1870 errichtete Villa des Amtsvorstehers Hans von Oppen diente später der ehemaligen Landgemeinde des Kreises Teltow als Amtshaus, wie die um 1922 entstandene Aufnahme dokumentiert.

Dieser prachtvolle Turnhallenbau war um 1900 eine Perle unter den Schulgebäuden des Landkreises, mit multifunktionaler Technik für das Geräteturnen ausgestattet und für die Durchführung von Wettbewerben bestens geeignet.

Auf dem Hochplateau des Teltow befindet sich dieses in der zweiten Hälfte des 19. Jahrhunderts auf dem Bauernhof am Dorfplatz in Bohnsdorf erbaute Taubenhaus. Es wurde schon von mehreren Menschengenerationen genutzt und von noch mehr Taubengenerationen bevölkert.

Auch das ist Berlin-Treptow: Die Aufnahme zeigt eine Dorfidylle im Jahre 1915, als Bohnsdorf noch zum Landkreis Teltow gehörte. Links sieht man die 1757 als einzige im Stil des Barock errichtete Dorfkirche der Region.

Auf der höchsten Erhebung der Teltowhochfläche (60 Meter über null) wurde die Gartenstadt gegründet. Der Architekt Professor Bruno Taut ist mit seiner „Tuschkasten"-Siedlung für immer aufs Engste mit Falkenberg verbunden. Die Aufnahme stammt aus dem Jahre 1960.

Max Buntzel errichtete 1898 eine schlossähnliche Villa auf dem Falkenberg. Die Aufnahme von 1936 zeigt das Anwesen als Krankenhaus Hedwigshöhe.

Die Windmühle von Müllermeister Zschilles und die Große Schule waren 1914 die markanten und weithin sichtbaren Bauten am nördlichen Ausläufer des Teltower Hochplateaus. An der Mühle hat der Zahn der Zeit sichtbar genagt, die Schule geht ihrem 100-jährigen Bestehen entgegen.

Mit kaiserlicher Verfügung erhielt Altglienicke im Jahre 1893 den Status einer Gemeinde. Die nächsten 15 Jahre brachten die Elektrifizierung, die Einführung von Gas und die Sicherung der Wasserversorgung. Kein Wunder also, dass der spitzfindige Bäckermeister Arnold Beuster schon 1910 auf das „industrielle" Brotbacken und -vertreiben setzte.

Sehr oft wechselte die Verwaltung für Oberschöneweide. Mit der Eingemeindung des Areals in das Groß-Berlin des Jahres 1920 unterstand es bis zum Jahre 1938 der Hoheit Treptows. Die Aufnahme von 1920 gestattet einen Blick vom Treptower Spreeufer auf das später in der DDR vom VEB Kabelwerk Oberspree genutzte Produktionsgebäude.

Mit der Wende zum 20. Jahrhundert wurde es in der Reichshauptstadt eng für den Bau neuer Industrieanlagen. Stadtauswärts aber gab es noch genügend Freiflächen. Oberschöneweide ist wohl das bekannteste Beispiel für die konzentrierte und dennoch großflächige Ansiedlung von namhaften Unternehmen.

2
Menschen im Kiez

Im Juni 1958 gingen erstmals Schüler aus der 10. Klasse der Mittelschule „Ernst Schneller" in der Treptower Kiefholzstraße ab.

Der im Jahre 1908 von der Königlichen Ober-ersatzkommission gemusterte Buchdrucker Fritz Nicolai.

Diese Treptower Familie ist nach der Jahrhundertwende bei einer Feierlichkeit zu sehen.

Das Lehrerkollegium des Schuljahres 1906/1907 der Schule in Johannisthal.

Kindergeburtstag um 1910 in der Sedanstraße in Adlershof.

Hedwig Bade, links, mit ihren Geschwistern im Jahre 1910.

„Frl. Beese auf Rumpler-Taube

Die erste deutsche Pilotin für Motorflugzeuge, Melli Beese, unterhielt 1912 am Flugplatz Johannisthal eine Fliegerschule.

Joachim Jahns mit Bruder Rolf und Spielgefährtin in der Kleingartenanlage hinter der Rethel-
straße, 1913.

Vier Monate nach Beginn des Ersten Weltkrieges war das Genesungsheim mit den ersten Ver-
wundeten bereits ausgelastet.

Frida Meyer und Helene Müller präsentierten
sich im Jahre 1922 in „Weltstadtmode".

Weihnachten 1926 bei der Familie Jahns.

34

Elfriede Pischke mit ihren Spielgefährten,
um 1928.

Adlershofer Nachwuchs, um 1930.

Frohes Jugendleben im Treptower Kinderheim im Jahre 1920.

Die Freiwillige Sanitätskolonne Berlin-Treptow mit ihrem Leiter, Major Eger (Bildmitte), in den Zwanzigerjahren.

Einschulung von Anne-Luise Jung im Jahre
1929 in Adlershof.

„Kürzer, kürzer" nannte sich der Verein dieser mutigen Damen in der zweiten Hälfte der
Zwanzigerjahre.

Diese Damen trugen um 1930 was gefiel und blieben konservativ.

Mitglieder des „Vereins gegen die Verunglimpfung der Herrenmode" im Jahre 1930.

Ein Adlershofer Hausbesitzer und seine Mieter Anfang der Dreißigerjahre.

Hedwig Bade, links, führte ihre Freundinnen im Juni 1936 in den Treptower Spreegarten.

Nach der Trauung vor dem Preußischen Standesamt in Treptow, um
1935.

Nach der Vermählung der Eheleute Banse vor dem oben genannten Standesamt, Anfang der
Vierzigerjahre.

Ärztliche Vorsorgeuntersuchungen fanden schon in den Fünfzigerjahren in der Betriebskinderkrippe des VEB Elektro-Apparate-Werke Treptow „J.W. Stalin" statt.

Die Betreuung der Kleinen im betriebseigenen Kindergarten des eben erwähnten VEB war sehr gut. Der Schnappschuss entstand 1955.

Das Lehrerkollegium des Jahres 1950 der 12. Grundschule in der Adlershofer Dörpfeldstraße.

Die 6. Klasse des Schuljahres 1950/51 der 12. Grundschule in der Adlershofer Dörpfeldstraße mit ihrem Klassenlehrer Herrn Möller.

Schüler der Treptower Mittelschule „Ernst Schneller" beim Schießsport, Ende der Fünfzigerjahre.

Der Internationale Kindertag wurde hier am 1. Juni 1957 auf Treptows Straßen gefeiert.

Lena Jochmann (2.v.r.) mit ihren Freundinnen beim Kostümfest im Jahre 1953.

Festveranstaltung im Kulturhaus des VEB Berliner Metallhütten- und Halbzeugwerke in der Fließstraße anlässlich des 37. Jahrestages der Oktoberrevolution.

Fasching 1955 im Saal des Rathauses Treptow.

Vertauschte Rollen anlässlich des Internationalen Frauentages am 8. März 1958.

Die Kleinen fühlten sich offensichtlich geborgen im Städtischen Kleinkinderwochenheim „Ursula Goetze" in Adlershof, Anfang der Sechzigerjahre.

Beim Mittagessen – der Schnappschuss entstand ebenfalls im Städtischen Kleinkinderwochenheim „Ursula Goetze" in Adlershof, Anfang der Sechzigerjahre.

Die Hochzeitsgesellschaft der Eheleute Schreiter im Sommer 1959.

Schulschluss an der 5. Grundschule in der Kiefholzstraße, Anfang der Sechzigerjahre.

Eltern mit ihren Kindern beim Spiel in der Forsthausallee, Sommer 1962.

Frühlingserwachen.

Ein Freiwilliger Helfer der Deutschen Volkspolizei unterwies Eltern und Kinder im richtigen Verhalten im Straßenverkehr, Frühjahr 1963.

Viele Bürgerinnen und Bürger beteiligten sich ohne Bezahlung am Nationalen Aufbauwerk, wie hier auf einem Hof in der Köllnischen Straße.

Jugendliche vor der Bibliothek in der Neuen Krugallee, August 1964.

Jugendleben um 1970 in Johannisthal.

3
Handwerk, Gewerbe und Industrie

Christian Raasch, rechts in der Tür stehend, präsentierte im Jahre 1910 in seinem gut sortierten Geschäft in der Nieder-Schöneweider Brückenstraße 27 alles, was des Rauchers Herz erfreut.

Die letzte „Bockmühle" von Bohnsdorf, um 1930. Mehr als 100 Jahre hat sie auf dem Buckel, und so manche Tonne Getreide wurden zwischen ihren Mahlsteinen zu Mehl zerrieben. Freilich, alle Bäcker in Treptow konnte der fleißige Müller nicht versorgen.

Das Gelände der Berliner Gewerbeausstellung 1896 wurde elektrisch beleuchtet. Es folgte die Elektrifizierung Treptows.

Innenansicht der Maschinenhalle der Gebrüder Naglo, Elektrische Beleuchtung-Telegraphen-Bau-Treptow, um 1900. Hier entstand die elektrische Rundbahn für das Ausstellungsareal 1896.

„Bolle und Milch" – ein Synonym nicht nur wie hier in Treptow 1903.

Das Wohnhaus von Frau Hedwig Ambos in
der Haeckelstraße in Johannisthal, um 1905.
Die Kolonialwaren und den Textilservice im
Haus – das war doch praktisch.

Conditorei und Café von Luise und Otto Gerczembeck, auf der Treppe stehend, in der Berliner
Straße 22 in Nieder-Schöneweide, um 1910.

Flugplatz Johannisthal.

Luftschiff Schütte-Lanz

Der im Jahre 1909 eröffnete erste Motorflugplatz Deutschlands war um 1911 auch ein Stützpunkt der Luftschiffflotte.

Flugplatz Johannisthal.

Rumpler-Eindecker am Start.

Eine Rumpler-Taube vor dem Start während der Johannisthaler-Herbst-Flug-Woche im September 1913.

Vom Verkauf und von der Reparatur konnte Oskar Hase im ersten Jahrzehnt des 20. Jahrhunderts gut leben.

Die Gärtnerei von Oskar Geister um 1910 in Baumschulenweg.

Die Damen und Herren der Altglienicker Schweißerei L.F.G. im Jahre 1918.

Die Kameraden der Gemeindefeuerwehr Niederschöneweide im Jahre 1913 vor ihrem Wachgebäude in der Grünauer Straße.

1920 produzierten die Treptower Eiswerke in der Baumschulenstraße Natureis aus dem damals noch sauberen Wasser des Britzer Zweigkanals.

In den Dreißigerjahren wurde das Natureis vom Kunsteis verdrängt. Der Treptower Kunsteisvertrieb unter Otto Haseloff jun. aus Baumschulenweg setzte auf diese Innovation.

Um 1915 reihte sich noch Gewerbe an Gewerbe in der Berliner Straße in Nieder-Schöneweide.

Gühler-Honig gab es seit 1863 in Treptow. Der Sohn Hermann (links im Bild) des Firmengründers feierte 1928 das 65-jährige Firmenjubiläum.

Markttag im Jahre 1924 in Adlershof. Karl Welsch präsentierte frisches Obst und Gemüse.

Gemütlich verweilen konnte der Gast in den Dreißigerjahren in der Handjerystraße in Adlershof bei Wilhelm Oestreich.

Bei der AEG wurde 1935 mit dem 10.000. Superhet-Fernempfänger dessen Produktion einge-
stellt. Nun liefen die so genannten „Volksempfänger" in Serie vom Band.

Im Jahre 1936 wurden die letzten Steine in die Mauer für den Neuen Friedhof in Baumschulenweg gesetzt.

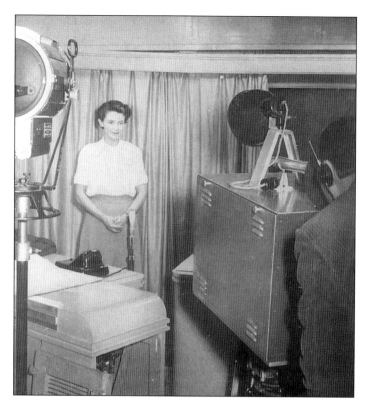

Im Dezember 1952 ging in Adlershof der Deutsche Fernsehfunk auf Sendung.

Im heißen Sommer des Jahres 1961 lief die Speiseeisproduktion mit Hochdruck, denn das Eis war nicht nur in der Puderstraße begehrt.

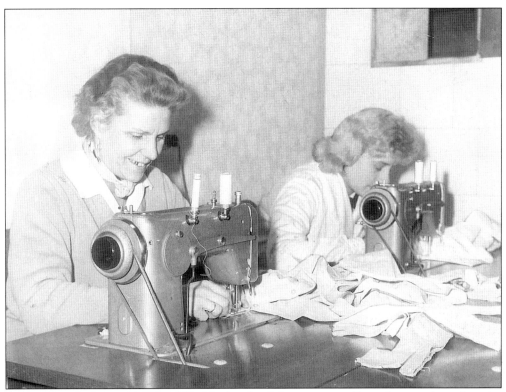

Frau Hilpert (links) und Fräulein Winkler bei der Arbeit in einem Dienstleistungsbetrieb in der Glanzstraße im Januar 1960.

Modebewusste Treptowerinnen während einer Modenschau im Jahre 1960 in der Gaststätte „Zenner".

Im Januar 1961 wurde das HO-Lebens-
mittelgeschäft in der Treptower Hoffmann-
straße auf Selbstbedienung umgestellt.

Kaufen und Verkaufen wollen gelernt
sein – Mädchen des Betriebskinder-
gartens des VEB Elektro-Apparate-
Werke-Treptow in der Puschkinallee
übten 1960 schon einmal.

Das Sattler-Handwerk im Festumzug 1954 anlässlich des 200-jährigen Bestehens von Adlershof.

Der Wochen- und Bauernmarkt im Sommer 1960 in Niederschöneweide zwischen Grünauer- und Schnellerstraße.

Eine „sozialistische Arbeitsgemeinschaft" des VEB Elektro-Apparate-Werke-Treptow diskutierte Arbeitsergebnisse. Die Aufnahme entstand um 1960.

Herr Lorenz, Einrichter im VEB Elektro-Apparate-Werke-Treptow (rechts im Bild), im Gespräch mit Dr. Rogal, August 1961.

Das Reichsbahnausbesserungswerk zwischen Adlergestell und Oberspree war in der DDR ein wichtiger Arbeitgeber.

Geschäftseröffnung in der Baumschulenstraße im Februar 1962.

Die Berliner Metallhütten- und Halbzeugwerke in Schöneweide boten auch Frauen die Möglichkeit, ihren „Mann" zu stehen. Die Aufnahme entstand um 1960.

Mitglieder einer sozialistischen Brigade im Werk für Signal- und Sicherungstechnik, um 1960.

4

Verkehr

Am 1. Mai 1896 fuhr anlässlich der Eröffnung der „Berliner Gewerbeausstellung" zum ersten Mal eine elektrische Straßenbahn aus der Reichshauptstadt in den Treptower Park.

Jahrhundertelang war das Pferd einziges, aber auch zuverlässiges Zugmittel im Dienste des Menschen, wie hier in einer nachgestellten Szene in Baumschulenweg.

Obwohl der Otto-Motor schon weit vor der Wende zum 20. Jahrhundert in fahrbare Untersätze eingebaut wurde, war das Straßenbild Treptows noch bis in die Zwanzigerjahre von Pferdewagen geprägt.

Die Firma Siemens & Halske ging mit ihrem Entwurf einer elektrischen Straßenbahn von der Behrenstraße im Stadtinneren zum Treptower Park als Siegerin aus der 1894 gestarteten Ausschreibung des Berliner Magistrats hervor.

Von 1899 bis zum Jahre 1932 unterquerte die Tunnelbahn zuverlässig die Spree von der Halbinsel Stralau nach Treptow. Die eingleisige Strecke wurde mittels „Stab" gesichert – nur der Fahrer, der in seinem Besitz war, durfte in den Tunnel einfahren.

Ein zweispänniger Pferdeomnibus aus dem Jahre 1897.

Tunnelbahnzug der Berliner Ostbahn, Baujahr 1912, vom Schlesischen Bahnhof über Treptow nach Köpenick.

Der Triebwagen 27 der Berliner Ostbahn im Jahre 1915; mit Beiwagen und der vierköpfigen Servicemannschaft war er unterwegs auf der Linie III zwischen Johannisthal und Friedrichsfelde.

Die Treidelbahnanlage am Teltowkanal im Bereich Treptow, um 1946.

Die Oppenbrücke über den Teltowkanal im Jahre 1925. Benannt wurde sie nach dem Rittmeister, Kreistagsabgeordneten und Teltowkanal-Baukommissionsmitglied von Oppen. Die Gleisanlagen der Treidelbahn waren auf beiden Ufern verlegt und sicherten einen effektiven Einrichtungsverkehr.

Wegen des großen Besucherstromes zu den Motorflugveranstaltungen seit 1909 erhielt Johannisthal frühzeitig Anschluss an das Berliner Straßenbahnnetz. Diese Aufnahme entstand um 1935 an der Endhaltestelle der Linie 69 in der Friedrichstraße.

Ein Nostalgiewagenzug aus den Dreißigerjahren auf Sonderfahrt in den Straßen von Baumschulenweg, 1959.

Schon im Jahre 1896 gehörten Omnibusse zum Treptower Straßenbild. In der Eichenstraße etablierte sich die Allgemeine Berliner Omnibus-Aktien-Gesellschaft.

Das alltägliche Bild an einer Haltestelle für Busse und Bahnen, wie hier um 1960 der Straßenbahnlinien 87 und 92 in Alt-Treptow. Übrigens, Nachtautobusse verkehren seit fast 110 Jahren in Treptow.

Nach dem Ersten Weltkrieg „eroberten" zunehmend Omnibusse das städtische Straßenbild. Die kaufmännische, technische und logistische Führungsmannschaft des in der Treptower Eichenstraße etablierten Omnibusbetriebes ist hier im Jahre 1930 zu sehen.

Das ehemals offene Oberdeck wurde bald schon geschlossen und der Doppelstockbus erfreut sich bis in die Gegenwart hinein dank der hervorragenden Aussicht allgemeiner Beliebtheit. Die Aufnahme zeigt ein Fahrzeug im Jahre 1958 an der Bohnsdorfer Kirche.

Treptows Ausfallstraße nach Süden im Jahre 1966. Auch in „Spitzenzeiten" fuhren nur wenige Autos gemütlich durch die Straßen – Stau war den Treptowern unbekannt.

Der private und öffentliche Pfingstausflugverkehr des Jahres 1966 vor dem Bahnhof Adlershof. Am Zebrastreifen war sogar der Einsatz eines Verkehrpolizisten nötig.

Bahn oder Auto? 1970 war diese Frage relativ leicht beantwortet: Auf den eigenen Pkw musste man zehn Jahre und länger warten. Für 20 Pfennige war man hingegen bei der S-Bahn sofort dabei. Beides gilt seit der Wende nicht mehr.

Die Anlagen der Berlin-Görlitzer-Eisenbahn am Bahnhof Nieder-Schöneweide/Johannisthal im Jahre 1909. Ursprünglich waren die Gleise zu ebener Erde verlegt. Die Höherlegung erfolgte aus Sicherheitsgründen mit dem Bodenaushub des Teltowkanals in den Jahren 1906/07.

Die Aufnahme entstand auf dem Bahnsteig in den frühen Zwanzigerjahren. Noch fehlt die Stromschiene für die S-Bahn. Dampfgetrieben fuhren die Züge nach „j.w.d." (janz weit draußen).

Der Bahnhof um 1910 vor seiner Erweiterung zum Umsteigebahnhof in bzw. aus Richtung Rix-dorf.

Die ehemalige Station Treptow wurde im Jahre 1896 zum Bahnhof der Ringbahn ausgebaut. Damals betrug die Zugfolge in Spitzenzeiten bereits 90 Sekunden, und das bei Dampfbetrieb. Die Aufnahme zeigt das gut frequentierte Eingangsportal im Jahre 1970.

Die einst belebte Station der vom Fabrikbesitzer Spindler initiierten Bahnlinie zwischen Schöneweide und Spindlersfeld. Hunderte Berliner fuhren auf dieser Nebenstrecke zur Arbeit. Ruhiger war es außerhalb der Berufszeiten wie hier um 1970.

Berlin ist „aus dem Kahn gebaut" und wie man sieht, Oberschöneweide auch. Die Spree als Verkehrsader gestattete den Transport von Baumaterialien. An der 1897 erbauten Fußgänger-brücke „Kaisersteg" wurden im Jahre 1906 Millionen von gelben Backsteinen für die AEG-Pro-duktionsgebäude angelandet.

Die MS „Wannsee", ein Ausflugsdampfer der 1903 gegründeten „Teltower Kreisschifffahrt", auf dem Britzer Zweigkanal beim Passieren von Baumschulenweg im Jahre 1913.

Beliebt waren in der DDR die Fahrten für wenig Geld mit einem Schiff der „Weißen Flotte" aus dem Hafen Treptow in Richtung Müggelsee und zurück.

Ende der Fünfzigerjahre wurde manches Fahrrad mit Hilfsmotor ausgerüstet. Da der Motor für seine „Größe" sehr laut war, nannte man diese Neuerung auch „Hühnerschreck".

Auf den etwa fünf Kilometern zwischen der Elsen- und Stubenrauchbrücke gab es keine weitere Möglichkeit, ans andere Ufer zu gelangen. Deshalb richtete man vor fast 100 Jahren zwischen Baumschulenweg und Oberschöneweide einen Fährverkehr ein.

Im Jahre 1951 war die Spree wieder ein wichtiger Verkehrsweg für den Warentransport von und nach Berlin.

„Winterschlaf" auf der Treptower Spree in den Fünfzigerjahren.

Der Stolz der DDR-Luftflotte, das 1,5 Millionen Mark teure Mittelstreckenflugzeug IL 14 im Jahre 1962 auf dem Zentralflughafen Berlin-Schönefeld. Zweimal 1.900 PS erlaubten für die 32 Passagiere eine Reisegeschwindigkeit von 345 Kilometern pro Stunde über eine Distanz von 1.000 Kilometern.

Vor Schönefeld stand Johannisthal: Von da aus startete im Sommer 1912 der Ukrainer Abramowitsch zum Erstflug nach St. Petersburg. Die 1.600 Kilometer Luftweg bewältigte er mit vielen geplanten, aber auch unfreiwilligen Zwischenlandungen in einer reinen Flugzeit von elf Stunden und 43 Minuten.

Aus der Deutschen Lufthansa erwuchs politisch zwangsläufig nach den Augusttagen des Jahres 1961 die Interflug mit ihren nun wachsenden, internationalen Verbindungen und mit neuem sowjetischen Fluggerät. Für die zuverlässige IL 14 blieben die Linien in der DDR.

Mehr und größere Flugzeuge machten zu Beginn der Siebzigerjahre den Ausbau des Flughafens zum Flughafen Berlin-Schönefeld erforderlich.

5
Lernen, Sport und Spiel

Fest der russischen Sprache an der 5. Oberschule in Baumschulenweg, Ende der Fünfzigerjahre.

Der Nachwuchs von Adlershof, um 1920.

Schülerinnen und Schüler der Weltlichen Schule Adlershof bei der Theateraufführung „Spree-wald". Ganz rechts ist Ilse Bernstein zu sehen.

Die 8. Klasse der Weltlichen Schule Adlershof mit ihrem Lehrer Herrn Garske im Herbst 1932.

Geheime Feier der Jugendweihe im Jahre 1933 in der Köllnischen Heide bei Adlershof. Die fünfte Dame von rechts ist Renate Schlehweiß.

Fahnenappell an der Grundschule „Ernst Schneller" im Jahre 1955 mit einer Abordnung der „Kampfgruppen der Arbeiterklasse".

Der Pionier-Gruppenratsvorsitzende erstattete anlässlich des Internationalen Kindertages 1956 Meldung an den Freundschaftsratsvorsitzenden auf dem Schulhof der Grundschule „Ernst Schneller".

Zu gesellschaftlichen Höhepunkten hatten sich die Schulen meist Gäste eingeladen.

Treptower Schülerinnen und Schüler „demonstrierten" anlässlich des Internationalen Kinder-tages im Jahre 1957.

Diese Kinder freuen sich auf die Ferienspiele des Sommers 1957.

Im Schuljahr 1956/57 blieb kein Schüler sitzen.

Ausflug der 10. Klasse der Mittelschule „Ernst Schneller" im Oktober 1957 nach Rostock.

Arbeit im Schulgarten in der Treptower Kiefholzstraße im Juni 1958.

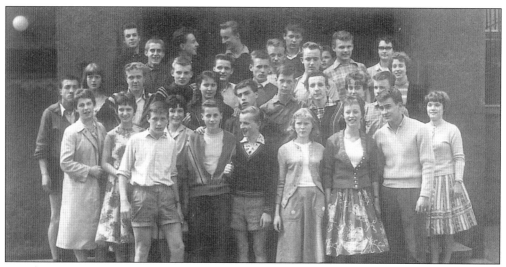

Von der Grund- zur Mittelschule „Ernst Schneller“. Die bereits zweite 9. Klasse im Herbst 1959.

Mit „Winkelementen“, der Deutschlandfahne, ausgestattet präsentierten sich diese Mädchen im Sommer 1960.

Schüler der 7. Klasse der 3. Tagesheimoberschule im Dezember 1962 bei der biologischen Orientierung im Gelände.

Fräulein Britta Pröller um 1960 im Kindergarten Kiefholzstraße. Die Kinder folgten interessiert ihren Worten.

Die 7. Männerabteilung des Turnvereins „Fichte" war zum Riegenturnen angetreten.

Frau Pischke (2.v.l.) inmitten ihrer Damensportvereinskolleginnen im Jahre 1910 in Adlershof.

Startaufstellung zum Rennen am 18. April 1915 im Treptower „Nudeltopp".

Moment aus dem Prämien-Fahren über 30 Runden in Treptow am 23.4.22.
Sieger Techmer in 13:20.[1]

Die Treptower Radrennbahn hatte die steilsten Kurven, die jemals auf einer europäischen Rennbahn gebaut wurden.

Fritz Bauer
einer der erfolgreichsten deutschen Straßenfahrer fährt
1914 ausschließlich **„Continental-Pneumatik"**.

Ein Beispiel für erfolgreiche Artikelwerbung im Sport, und das schon vor 90 Jahren.

Gruss von der Radrennbahn „Treptow", Inh. Georg Werneke.

Verlag Paul Droesse, Berlin S. 42, Oranienstr. 135.

Der „Nudeltopp" befand sich von 1898 bis 1926 am S-Bahnhof Treptow.

Mehr und mehr wurden seit den Zwanzigerjahren Straßenrennen gestartet.

Diese Baumschulenweger Knirpse trainierten im Jahre 1960 noch mit ihrem Roller.

Mitglieder des Märkischen Stenografen-Bundes reisten zur Hauptversammlung im Juni 1914 natürlich im Ruderboot an.

Für durstige Ruderer hatte die Schultheiss-Brauerei am Spreegarten 1915 großzügige Anlege-stellen geschaffen.

Georg Jahns, im Vordergrund stehend,
im Sommer 1910 im Kaiserbad.

Badespaß im sauberen Wasser der Spree im Jahre 1920.

Diese beiden Badenixen zeigen moderne Badebekleidung des Jahres 1920.

Im von 1876 bis 1887 von Gustav Meyer angelegten Treptower Park gibt es viele Möglichkeiten der Entspannung, wie hier auf der Spielwiese im Sommer 1914.

Traditionell zu Pfingsten fand in den Zwanzigerjahren das Sportlertreffen der Treptower und Neuköllner Sportler statt.

Sichtwerbung im Rathaus Treptow für die Weltfestspiele der Jugend und Studenten im August 1951.

Teilnehmer der Ferienspiele im Sommer 1930 in der Köllnischen Heide.

Im Festumzug anlässlich des 200-jährigen Bestehens von Johannisthal im Jahre 1953 ist Frau Hannelore Huth (3.v.l.) als Bürgermädchen im Sonntagskleid zu sehen.

Mit Musik machte dieser Gruppe der Sport noch mehr Spaß, Ende der Fünfzigerjahre.

Für das Hindernisschwimmen auf der Spree wurde der Kurs abgesteckt.

Pausensporteinlage an der 5. Grundschule in den Sechzigerjahren in Baumschulenweg.

Oberschülerinnen einer Treptower Schule beim Wettlauf während eines Sportfestes.

Hoch auf dem Teltow in Bohnsdorf lässt es sich nach Herzenslust toben.

Eine anspruchsvolle Sportart ist der Turniertanz. Die Tanzpädagogin Hanni Hook (4.v.l.), die Tanzschülerin Lena Jochmann (3.v.l.) und weitere Schülerinnen und Schüler sind zu sehen.

Nach der Schließung des „Nudeltopp" wurde das Gelände weiterhin sportlich genutzt, wie hier für ein Eishockeyspiel im Winter 1935/36.

Winterfreuden für Kinder und Erwachsene in den Fünfzigerjahren am Rodelberg in Baumschulenweg.

6
Ausflugsvergnügen

Seit seiner Eröffnung im Jahre 1969 erfreute sich der Kulturpark mit seinem 45 Meter hohen Riesenrad bei Groß und Klein größter Beliebtheit.

Nach der Jahrhundertwende war das Gesellschaftshaus in Johannisthal eine gute Adresse.

Im Plänterwald an der Spree gelegen hat die Restauration in ihrer mehr als 100-jährigen Geschichte überwiegend gute Zeiten, wie hier im Jahre 1905, erlebt.

Niederschöneweide.   Wirtshaus Loreley.

Das ebenfalls an der Spree gelegene Ausflugsrestaurant „Loreley" in der Berliner Straße in Nieder-Schöneweide im Jahre 1908.

Der Kneipier Georg Heidrich, in der Tür stehend, empfahl im Jahre 1910 sein Lokal in der Hasselwerder Straße in Nieder-Schöneweide.

Der Bau der Straßenbahn längs der Spree bis zum Bahnhof Oberspree wirkte stimulierend auf den Ausflugsverkehr. Der Blick geht hier in die Berliner Straße im Jahre 1913.

Gepflegtes Ambiente im Restaurant mit Terrasse von Heinrich Hische am Ufer der Spree, 1910.

112

Hermann Meiers „Restaurant zum Falkenberg" auf der Hochebene des Teltow erfreute sich um 1910 auch bei vielen Berliner Ausflüglern großer Beliebtheit.

Der „Paradies-Garten", eine Kombination von Restaurant und Ruderboothafen, 1915.

Die Abteiinsel im Jahre 1925 mit der 1915 gebauten Stahlbetonbrücke.

Heinz Böhm als Vierjähriger mit Mutter, Schwester und Großeltern nach einem Besuch im „Casino" in der Radrennbahn „Nudeltopp", Anfang der Zwanzigerjahre.

Ruhe und Besinnlichkeit bei einer Ruderpartie im Jahre 1913 auf dem Karpfenteich im Treptower Park.

Längs der Spree entstanden neben gepflegten Etablissements auch einfache Lokalitäten, wie diese im Jahre 1914.

Ein Sommerabend an der Spree bei „Zenner", 1930.

Die Traditionsgaststätte „Zenner" stand im Jahre 1964 unter der Verwaltung der staatlichen Handelsorganisation HO.

Hedwig Bade im Sommer 1936 an der Spree.
Rudern oder Kaffeetrinken? Sie entschied sich
für Kaffee im Restaurant „Abtei".

Erholung bei Sport, Spiel und Spaß bot der Treptower Park den Besuchern, wie hier im Jahre
1937.

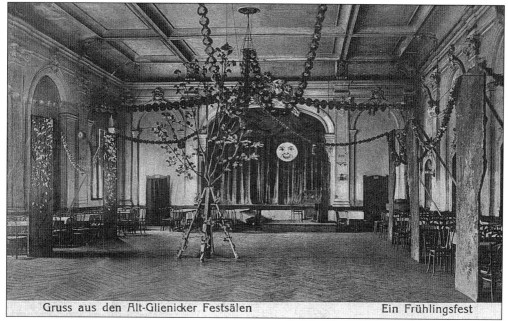

Gruss aus den Alt-Glienicker Festsälen   Ein Frühlingsfest

Mit den „Alt-Glienicker Festsälen" verfügte das Dorf zu Beginn des 20. Jahrhunderts über städtisch geprägte Vergnügungsstätten.

Die Kleinen lockte das Kinder-Paradies, die Großen das Bürger-Bräu und für alle war es der beliebte Familientreff im Plänterwald, wie hier im Jahre 1935.

Kinderbelustigung mit der Liliput-Eisenbahn am Großen Eierhaus im Plänterwald, 1935.

Bald bevölkerten Menschenmassen das Areal im Plänterwald. Diese Aufnahme entstand kurz vor der Eröffnung des Festes im Frühjahr 1936.

Seit der Befestigung des Treptower Spreeufers in der zweiten Hälfte des 19. Jahrhunderts laden die Uferwege in jeder Jahreszeit, wie hier im Sommer 1932, zu erholsamen Spaziergängen ein.

Gut besucht waren in den Dreißigerjahren die Treptower Eckkneipen, wie die „Bier-Quelle" von Albert Keller an der Ecke Heidelberger- und Elsenstraße.

Frau Hedwig Bade, rechts, mit ihren Freundinnen im Sommer 1936 bei einem Bummel durch
den Spreegarten.

„Schichtels Marionetten" zogen bei akzeptablen Eintrittspreisen, wie hier beim Treptower
Volksfest im Jahre 1936, viele Besucher an.

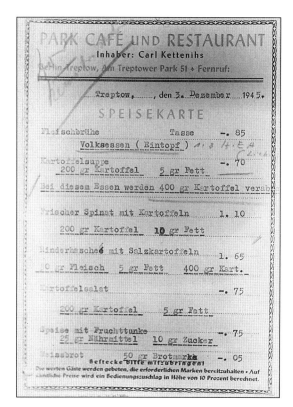

Bereits sieben Monate nach dem Ende des Zweiten Weltkrieges boten die Restaurants in Treptow ihren Gästen wieder Einkehrmöglichkeiten an.

Die 1951 anlässlich der Weltfestspiele der Jugend und Studenten im Nationalen Aufbauwerk (NAW) geschaffene Freilichtbühne Plänterwald.

Sport, Spiel und Unterhaltung für die Schulkinder auf der großen Spielwiese im Treptower Park, Sechzigerjahre.

Ungetrübter Badebetrieb im Strandbad Oberspree im Jahre 1968, zehn Jahre vor der Schließung wegen zu hoher toxischer Belastung des Wassers.

Die Achterbahn im Sommer 1970. Sie war besonders für Jugendliche eine von vielen Attraktionen des Kulturparkes.

Anfang der Siebzigerjahre machte diese Brigade einen Ausflug in den Kulturpark. Vorn in der Mitte ist Renate Jahns mit Kollegen aus dem VEB Elektroanlagenbau Berlin zu sehen.

Fräulein Renate Jahns im März 1972 beim Früh-
lingsspaziergang über die Abtei-Brücke zur Insel.

Frau Ursula Hedemann mit Begleitung im späten Frühjahr 1960 auf der Spreepromenade zwischen dem Hafen der „Weißen Flotte" und „Zenner".

Herta und Joachim Jahns vor einer der vielen Plastiken im Treptower Park, um 1970.

Über Besuchermangel konnte sich das Klubhaus in der Adlershofer Dörpfeldstraße nicht bekla-
gen. Die Aufnahme entstand 1960.

Berlin-Treptow   **Angler in der Morgenfrühe**

Im Jahre 1925 bot die Spree mit ihrem sauberen Wasser den Fischen und den Fischern ein wahres Paradies.

Ein alltägliches Bild aus den Augusttagen 1962. Die MS „Johannes R. Becher" hatte wieder im Hafen Treptow angelegt. Eine erholsame Reise war zu Ende gegangen.

Diese
Bücher aus Berlin
sind im Handel erhältlich:

Sutton Verlag

BÜCHER AUS BERLIN

Neukölln. Alte Bilder erzählen
(*Falk-Rüdiger Wünsch*)
3-89702-096-3 / 14,90 € [D]

Kreuzberg. Alte Bilder erzählen
(*Falk-Rüdiger Wünsch*)
3-89702-034-3 / 14,90 € [D]

Berlin-Prenzlauer Berg. Alltag und Geschichte
(*Jan Jansen*)
Erzählte Geschichte 3-89702-215-X / 12,90 € [D]

Was war los in Ost-Berlin 1950-2000
(*Jens Kegel und Ingo Zeißig*)
3-89702-365-2 / 19,90 € [D]

Was war los in West-Berlin 1950-2000
(*Jürgen Scheunemann und Gabriela Seidel*)
3-89702-321-0 / 19,90 € [D]

Berlin-Weißensee. Bilder aus der DDR
(*Joachim Bennewitz*)
3-89702-553-1 / 17,90 € [D]

Der Teltowkanal. Ein Jahrhundertbauwerk
(*Gerhard Birk und Mario Stutzki*)
3-89702-245-1 / 14,90 € [D]

SUTTON
VERLAG